DÉPARTEMENT DU RHONE

SERVICE

DES

CHEMINS VICINAUX

RAPPORT DU VOYER EN CHEF

Sur l'État du Service

AU 15 JUILLET 1852.

LYON

CHANOINE, IMPRIMEUR DE LA PRÉFECTURE

1853

Département du Rhône

SERVICE

DES

CHEMINS VICINAUX

RAPPORT DU VOYER EN CHEF

Sur l'État du Service

au 15 juillet 1852.

Des changements notables sont intervenus au service des chemins vicinaux du département, depuis mon dernier rapport général. En ce qui concerne les lignes vicinales de grande communication, le classement qui a eu lieu pendant la dernière session du Conseil général, a porté l'étendue de 610 kilomètres à 675 : c'est donc 65 kilomètres qui ont été ajoutés à la grande vicinalité.

L'adjonction au département du Rhône de quatre communes du département de l'Isère devra naturellement augmenter encore cette étendue de 7 kilomètres, provenant d'un chemin qui était classé de grande communication dans le département de l'Isère, et qu'il conviendra de prolonger dans le faubourg de la Guillotière jusqu'à la route nationale n° 7. Un rapport spécial a été dressé à cet effet.

Cette adjonction augmente aussi le développe_ ment de la vicinalité ordinaire de plusieurs voies de communication, qui ont d'autant plus d'importance, qu'elles sont placées dans le voisinage de Lyon.

Après la réunion des villes de la Guillotière, la Croix-Rousse et Vaise à celle de Lyon, il a paru convenable de réunir au service vicinal du département, toutes les voies vicinales et rurales de la nouvelle agglomération, qui se trouvent surtout en dehors de la partie tout à fait urbaine. La partie qui a passé dans mes attributions était demeurée jusque-là sous la direction des services spéciaux de la voirie urbaine.

En vertu de l'article 2 de la délibération du Conseil général sur le service, prise dans sa dernière session, le personnel de l'administration des chemins vicinaux a été augmenté de cinq agents-voyers, en sorte qu'il se trouve maintenant un agent-voyer dans chaque canton, excepté dans les communes nouvellement réunies au département.

Ainsi que cela résulte des détails qui vont suivre, ces modifications dans le service ont été opérées sans que sa marche ait été interrompue en aucune manière.

Mais précisément au moment où je mettais la main à la plume pour rendre compte de la situation du service, la pluie diluvienne des 17 et 18 juin est venue occasionner de grands dégâts aux chemins vicinaux du département. La viabilité de ces chemins a beaucoup souffert et exigera, pour être ramenée au degré où elle était arrivée, une bonne partie des ressources en prestations en nature de l'exercice, et, sur plusieurs points, des dépenses en argent assez fortes.

Je rendrai compte de ces dégâts dans le courant du rapport.

Des tableaux sont placés à la fin de ce rapport; ils expriment en chiffres, savoir :

1° Le compte-rendu des dépenses faites sur les chemins vicinaux de grande communication, sur les fonds de subventions départementales et sur les contingents communaux;

2° L'état des ressources et des dépenses communales, y compris les subventions départementales;

3° L'état statistique des chemins vicinaux de grande communication au 15 juillet 1852;

4° La situation des dépenses faites sur les fonds de 1852;

5° L'état des dépenses à faire pendant l'exercice 1853.

En outre de ces documents, il m'a paru utile de donner des explications particulières sur les différentes parties du service, qui sont divisées comme il suit :

Lignes vicinales de grande communication.

Chemins vicinaux de moyenne communication.

Chemins vicinaux ordinaires.

Personnel.

Observations générales.

Lignes vicinales de grande communication.

LIGNE VICINALE N. 1, DE BRIGNAIS A CHAMPAGNE,

avec embranchement sur le pont d'Oullins.

Cette ligne a été l'objet d'une petite entreprise qui est en cours d'exécution, et qui a pour but d'exhausser le remblai à l'abord des Trois-Renards, exhaussement devenu indispensable, surtout depuis que le roulage peut parfaitement circuler sur toute la ligne, pour faire disparaître la rampe qui rendait l'arrivée sur la route nationale n° 7 difficile.

La partie de la ligne principale, située entre les routes nationales n°s 6 et 7, ou entre Champagne et les Trois-Renards, présentera donc à l'avenir une bonne viabilité. Toutefois, il serait à désirer qu'on pût prochainement élargir un passage d'environ 80 mètres de longueur vis-à-vis la propriété de Mme d'Anthouard, au territoire d'Ecully. Les travaux de cet élargissement seraient peu importants, et ce n'est que l'indemnité au propriétaire qui peut le faire ajourner.

La circulation est toujours très-active sur la partie comprise entre la route nationale n° 89 et celle n° 88. Cette circulation s'explique par l'économie de parcours que trouve par cette ligne le roulage du nord au midi de Lyon, en évitant la traverse de cette ville.

Les eaux du 18 juin ont détérioré la partie située au territoire de Ste-Foy, où un ponceau et un aqueduc ont été avariés.

L'embranchement de Bonnand au pont d'Oullins, par la vallée de la rivière d'Yzeron, qui a été classé de grande communication l'année dernière, avait été l'objet d'une amélioration notable, au moyen du cantonnier qui y a été établi et de quelques travaux qui y ont été faits. Il ne manquait, pour compléter sa viabilité, qu'un second pont pour passer la rivière d'Yzeron, dont la dépense assez élevée retarde l'exécution.

Mais il vient de subir une grande détérioration par la crue de la rivière d'Yzeron. Les eaux de cette rivière qui couvraient presque toute la vallée, et qui y ont détruit plusieurs bâtiments et trois maisons, ont fait de grands dégâts au chemin. Il avait été intercepté sur plusieurs points ; la chaussée et les accotements ont été bouleversés sur une partie de son étendue. Le pont fixe en fer a résisté et est demeuré intact au milieu de ces désastres. Seulement, un mur conique en aval a été emporté. Des mesures ont été immédiatement prises pour rétablir la circulation, mais le chemin est en mauvais.état.

LIGNE VICINALE N° 2, DE GIVORS A CHAZELLES,

avec embranchement sur la Roussillière.

Soit en raison du raccourcissement, soit pour éviter le passage sur le pont à péage construit sur la route nationale n° 86, en sortant de Givors, le roulage de la ligne vicinale n° 2 se dirige par les Gravières, d'où il est obligé de traverser la rivière de Gier par un gué vis-à-vis Montgelas qui est constamment creusé par les eaux, et expose la circulation à un point qu'il arrive souvent des accidents.

La construction d'un pont en cet endroit, ferait disparaître cet inconvénient. Cette construction vivement désirée, et malgré son urgence bien constatée, ne peut être entreprise qu'après que le tracé de la route nationale, dont les travaux ont été commencés le long de la vallée du Gier, aura été définitivement fixé ; car une des études consisterait à faire traverser le Gier par la route au même endroit que passe la ligne, et il est évident que si cette direction devait être adoptée, il serait convenable de combiner la construction du pont avec le passage de la route nationale. La passerelle des piétons vient encore d'être emportée par la crue du 18 juin dernier. Le rétablissement de cette passerelle et du gué occasionne une dépense annuelle de 4 à 500 francs.

Deux murs de soutènement ont été faits pour réparer des éboulements qui s'étaient manifestés à la montée des bois de Montrond, et le chemin est assez en bon état depuis le Gier jusqu'à Bellevue, si ce n'est la traverse de St-Andéol, où la démolition de quelques parcelles de maisons est nécessaire pour faciliter le passage.

Il n'a été fait que des travaux d'entretien sur la partie comprise entre Bellevue et Saint-Maurice, qui n'a d'ailleurs qu'une circulation bien inférieure à celle de la partie précédente à supporter. Le chemin, qui n'a pas reçu d'empierrement complet, n'est pas cependant en mauvais état.

Ce n'est qu'avec beaucoup de peine qu'on peut se procurer des matériaux de bonne qualité pour entretenir la partie comprise entre St-Maurice et St-Didier. Ceux en quantité qui avoisinent la route, en schiste de mauvaise nature, ne résistent point au roulage. Aussi l'entretien devient-il difficile.

Il est peu de parties au delà de St-Didier, et jusqu'à St-Symphorien, qui n'aient reçu un empierrement, et les lacunes disparaissent successivement chaque année. L'état de viabilité est d'ailleurs satisfaisant.

Au moyen du prolongement de la ligne vicinale n° 2, qui prend le nom maintenant de St-Symphorien à Chazelles, par suite du classement qui a eu lieu dans la dernière session du Conseil général, les relations entre St-Symphorien et Chazelles deviendront très-faciles. L'ouverture de cette nouvelle partie de la ligne a été poussée activement, et après l'achèvement d'une entreprise en cours d'exécution, comprenant la construction d'un pont sur le ruisseau de la Gi-mont, à la dépense duquel concourent les deux départements, puisqu'il sera sur leur limite, le chemin pourra être livré à la circulation jusqu'à cette limite. Il sera probablement ouvert aussi sur le département de la Loire.

Ce n'est que lentement, en raison de la rareté des matériaux, que l'embranchement de St-Maurice à la Roussillière, dans la direction de Rive-de-Gier, peut obtenir un empierrement complet ; il est toujours très-fréquenté.

Par suite des pluies torrentielles du 18 juin, les ponceaux de la Bruyère et de Choule ont perdu chacun un de leurs murs coniques, et le pont de Ponteincinet a perdu les deux siens en amont. Plusieurs éboulements se sont produits, tant dans les talus d'amont que dans ceux d'aval.

Tous ces dégâts seront d'ailleurs promptement réparés.

LIGNE VICINALE N° 3, DE THIZY A CHAUFFAILLES.

Achevée depuis longtemps, la ligne vicinale n° 3 est en bon état de viabilité. Son entretien a lieu au moyen de matériaux transportés par les prestataires des communes intéressées. L'extraction de ces matériaux et leur cassage sont faits à prix d'argent.

Cette ligne facilite beaucoup les arrivages des produits qui alimentent les marchés de Thizy.

LIGNE VICINALE N° 4, DE SAINTE-FOY A TARARE.

L'aqueduc qui avait été construit lors de l'ouverture de la ligne vicinale, pour le passage du ruisseau de Prayrand, ayant donné lieu à quelques plaintes, surtout de la part de l'administration des ponts-et-chaussées, en raison des inondations qu'il occasionnait, a été remplacé par un ponceau.

Une entreprise a été donnée pour préparer les matériaux d'empierrement qu'ont conduits les prestataires des communes intéressées; en sorte qu'à peu d'exceptions près, le chemin est à l'état d'entretien dans toute son étendue.

Des travaux d'élargissement ont aussi été faits à l'entrée du bourg de Villechenève, conformément au plan de traverse qui a été arrêté.

LIGNE VICINALE N° 5, DE BEAUREGARD A AIGUEPERSE

avec embranchement sur La Clayette et sur Matour.

L'entretien de la partie de cette ligne, comprise entre Beauregard et la route nationale n° 6, est en rapport avec la forte circulation qu'elle a à supporter; c'est dire qu'il est dispendieux, car toutes les relations entre Villefranche et non-seulement le port de Beauregard, mais encore un certain nombre de communes du département de l'Ain, se font par cette voie de communication, qui a encore à supporter une grande quantité de vins qui sont conduits à ce port. Néanmoins, cet entretien n'occasionne pas beaucoup de dépenses en argent. Les prestations en nature y sont d'un grand secours.

Quoique moins fréquentée que la première, la deuxième partie, comprise entre la route nationale n° 6 et la route départementale n° 4, traverse une riche localité dont les produits seuls entretiendraient déjà une assez forte circulation. Elle est aussi entretenue surtout au moyen des prestations en nature et quelques allocations pour l'extraction et le cassage des matériaux.

De la route départementale n° 4 à la limite du département il ne reste presque plus de parties qui n'aient reçu au moins un premier empierrement, et partout le chemin présente une bonne viabilité. Il est vrai que cette troisième partie n'est pas aussi fréquentée qu'elle le serait, si son prolongement sur le département de Saône-et-Loire, et dans la direction de Charolles, était complétement ouvert.

Achevée depuis longtemps sur le territoire du département du Rhône, et même au delà de sa limite, l'embranchement de la ligne vicinale n° 5, dans la direction de La Clayette, demeure toujours sans issue sur le département de Saône-et-Loire, malgré les nombreuses et réitérées réclamations faites auprès de l'administration de ce dernier département.

L'embranchement sur Matour présente aussi une bonne viabilité.

Les eaux du 18 juin et celles provenant des champs voisins avaient amené des matériaux qui interceptaient le chemin. Des mesures ont été prises pour rétablir la circulation.

LIGNE VICINALE N° 6, DE L'ARBRESLE AU PONT SAINT-BERNARD.

La circulation inattendue qui s'est jetée dès son ouverture sur la première partie de la ligne vicinale n° 6, comprise entre l'Arbresle et le pont de Dorieux, a rendu d'abord l'entretien du chemin difficile. Plusieurs rechargements successifs permettent maintenant d'espérer que le roulage, qui consiste surtout au transport de houille des mines de Ste-Foy, n'éprouvera plus de difficultés. Cet entretien occasionnera cependant encore assez de dépenses.

Une bonne viabilité se fait ensuite remarquer depuis le pont de Lozanne jusqu'à Anse. Seulement la lacune de la Batie, au territoire de Chazay, existe toujours et est remplacée provisoirement par les deux embranchements du bourg de Chazay, qui n'occasionnent d'autres difficultés qu'une augmentation de parcours.

Il serait important aussi, maintenant que la circulation devient plus active, d'améliorer la traverse du bourg de

Lucenay, où les rues étroites et sinueuses qui sont suivies, rendent cette circulation difficile.

Faute par la commune d'Anse d'avoir profité des bonnes dispositions des concessionnaires du pont St-Bernard, pour l'établissement d'une levée à l'abord de ce pont, l'amélioration de cette partie de la ligne paraît maintenant ajournée.

La circulation a été interceptée en aval du pont de Lozanne, où l'Azergues avait détruit le chemin sur presque toute sa largeur. Il a été pris des mesures pour le rétablir.

LIGNE VICINALE N° 7, DE CHARBONNIÈRES A VILLECHENÈVE.

La première partie de la ligne vicinale n° 7, située entre la route nationale n° 7 et la route départementale n° 3, présente une bonne viabilité. Seulement, la mauvaise nature des matériaux qu'il est possible de se procurer au delà de Charbonnières, rend l'entretien difficile. Cette partie est maintenant parcourue par les voitures publiques.

La restauration qui a été faite dans la traverse de Sain-Bel, a amené le reculement de plusieurs maisons, et fait espérer que cette traverse, qui a déjà bien été améliorée, sera bientôt spacieuse.

Au delà de Sain-Bel, il ne reste plus que quelques parties à empierrer, pour que le chemin soit à l'état d'entretien complet. Il est d'ailleurs bien viable jusqu'à la ligne n° 4, où il se termine.

Le pont de Sain-Bel a été fortement avarié par la crue de la Brevenne, qui a emporté l'avant-bec, et amené ainsi la chute d'une partie de la tête. La circulation n'a pas été interrompue.

LIGNE VICINALE N° 8, D'ANSE A SAINT-ANDRÉ-DE-CORCY.

Quoique dans un bon état, la ligne vicinale n° 8 exige assez de dépenses pour son entretien, car elle est bien fréquentée. Une partie de cet entretien a lieu au moyen des prestations en nature. L'achat et le cassage des matériaux constituent les dépenses en argent.

L'inondation du 18 juin a détruit un accotement dans la partie comprise entre la route nationale n$_o$ 6 et le moulin d'Ambérieux, et emporté les matériaux qui avaient été approvisionnés pour l'entretien.

LIGNE VICINALE N° 9, DU PONT DE THOISSEY A ROANNE.

Rien ne fait entrevoir l'époque à laquelle la partie de cette ligne, comprise entre le pont de Thoissey et la route nationale n° 6, pourra s'ouvrir. Les actionnaires du pont de Thoissey, essentiellement intéressés à cette partie de la ligne, n'ont offert jusqu'à présent, aucun sacrifice pour obtenir son établissement.

On ne peut donc, quant à présent, considérer l'origine de la ligne qu'à la route nationale n° 6, à partir de laquelle les travaux ont été exécutés.

Ceux de terrassement sont en cours d'exécution, pour opérer une rectification indispensable, au delà du vieux bourg de Corcelles. Des mesures seront prises pour l'empierrement de cette partie qui, sans cela, serait impraticable, à cause du terrain argileux sur lequel elle est située.

Une fois cet empierrement fait, l'état de viabilité sera satisfaisant jusqu'au bourg de Villié, passé lequel des terrassements considérables n'ont pu encore être achevés. Le sol étant plus solide au territoire de Villié, à mesure que les terrassements sont faits, le chemin peut être livré à la circulation.

Il en est de même au territoire de Régnié, où les travaux sont d'ailleurs bien avancés.

Une entreprise a été donnée et est sur le point d'être achevée pour compléter la rectification au territoire de Durette.

Cette partie de la ligne, comprise entre la route nationale n° 6 et celle départementale n° 4, traverse un riche et fertile pays qui pourra à l'avenir écouler ses produits avec beaucoup plus de facilité, et dans lequel on pourra pénétrer commodément. Malgré tous ces avantages, les habitants de cette localité n'ont mis aucun empressement pour faciliter l'établissement de cette voie de communication. Loin de là, ils ont été généralement d'une exigence exceptionnelle pour la cession des terrains nécessaires à l'assiette du chemin. Ce n'est donc qu'avec beaucoup de lenteurs qu'on a pu parvenir à acquérir ces terrains, dont la dépense demeurait d'ailleurs, avec raison, à la charge des communes.

Ces circonstances expliquent le retard qu'a éprouvé l'ouverture. Maintenant qu'on a pris possession des terrains, l'achèvement des travaux ira beaucoup plus vite.

A l'exception de l'abord de la route départementale n° 4 qui reste à empierrer, et de la traverse du bourg qui nécessite quelques redressements, la ligne présente un état bien viable au territoire de Quincié.

Toute l'étendue située au territoire des communes de Marchampt et de Claveisolles n'a guère qu'une largeur de six mètres, fossés compris. Mais cette largeur suffit, quant à présent, à la circulation qui est peu active dans cette partie de la ligne qui comprend la traversée d'une haute montagne. Des élargissements partiels pourront avoir lieu à mesure que le besoin se fera sentir. C'est surtout entre le pont Gaillard et la route départementale n° 7 qu'il reste le plus de travaux à faire.

La partie comprise entre les vallées de l'Azergues et de Reins est viable, et quelques élargissements successifs achèveront de l'amener à l'état d'entretien.

Une restauration faite vers la fin de l'année dernière à l'ancien pont construit sur la rivière de Reins et l'exhaussement de ses abords, ont amélioré notablement ce passage.

De la vallée de Reins à la limite du département, la ligne est à l'état d'entretien.

Des maçonneries pour aqueducs et murs de soutènement en cours d'exécution, au territoire de Durette, ont été détruites. La perte, qui est d'environ 200 francs, a été occasionnée par les eaux du 18 juin.

LIGNE VICINALE N° 10, D'AMPLEPUIS AUX ECHARMEAUX.

Une courte étendue d'environ 200 mètres existe toujours à peu près en lacune dans la partie comprise entre la route départementale n° 8, sur laquelle cette ligne prend naissance, et la route départementale n° 5, et à l'abord de cette dernière route. L'ancien pont doit être reconstruit en aval de son emplacement actuel, et il ne conviendra d'établir ses abords que lors de cette reconstruction.

Après avoir quitté la route départementale qu'elle emprunte depuis le Bancillon jusque sous Magny, la ligne vicinale traverse encore une partie du territoire de la commune de Cublize, où la viabilité est assez bonne, et ensuite celui de Saint-Vincent, sur lequel peu de travaux l'achèveront.

Le passage du pont Lacroix a été amélioré.

Il reste encore des élargissements à faire dans la traversée du pont Lacroix à Ranchal, mais le chemin est viable. Quelques bâtiments gênent un peu la circulation au bourg de Ranchal. Enfin, sauf quelques rechargements en empierrement, il existe une bonne viabilité entre Ranchal et la limite du département.

Quelques éboulements, qui pourront être réparés par les cantonniers et quelques ouvriers auxiliaires, ont été occasionnés par les eaux du 18 juin.

LIGNE VICINALE Nº 11, DE CRAPONNE A SAINT-SYMPHORIEN.

Si la partie comprise entre la naissance de cette ligne et la maison Rat, au territoire de Thurins, a été amenée depuis longtemps à l'état d'entretien, il n'en est pas de même de celle située au delà et jusqu'à Saint-Symphorien. Cependant de grands travaux y ont été faits pendant ces deux dernières années surtout, tant en prestations en nature qu'à prix d'argent. Le besoin s'en faisait sentir, et à peine était-elle ouverte jusqu'à Saint-Martin-en-Haut, qu'elle était journellement parcourue par plusieurs voitures publiques. Cette partie a encore été bien améliorée.

Tous les efforts ont dû se porter ensuite pour achever l'ouverture entre Saint-Martin et Saint-Symphorien. Déjà cette partie est ouverte, et bientôt on pourra y circuler facilement, en attendant son entier achèvement, qui ne pourra avoir lieu que successivement pendant plusieurs années.

Nous n'avons pas eu de grands dégâts à déplorer sur cette ligne. Il s'est cependant manifesté quelques éboulements, et un remblai en cours d'exécution a été détruit en partie.

LIGNE VICINALE Nº 12, DE LYON A GIVORS.

Ce n'est que jusqu'à Vernaison que la ligne vicinale nº 12 a pu être amenée à l'état d'entretien complet. La difficulté de prendre possession du terrain retarde l'exécution d'une rectification nécessaire au delà.

Ensuite une difficulté avec la compagnie du chemin de fer, qui n'a pas encore pu être tranchée, fait retarder l'achèvement au territoire de Millery.

L'exigence des propriétaires de Grigny ne permet pas de mettre encore à exécution le projet de traverse.

Toutes ces circonstances font ajourner la construction du pont sur le Garon, qui ne deviendra indispensable qu'au moment où ces différentes lacunes auront disparu.

LIGNE VICINALE N° 13, DES PONTS TARRETS A ROANNE.

Beaucoup de travaux ont été faits sur la fin de l'année dernière dans la partie comprise entre les ponts Tarrets et la montagne du Pilon. Une entreprise a encore été donnée et est près d'être terminée pour l'achèvement de déblais et de remblais considérables au territoire de Valsonne.

Avant peu, toute cette partie aura été amenée à la largeur de 6 mètres. Cette largeur sera sans doute insuffisante à l'avenir, mais quant à présent, elle satisfait à tous les besoins.

On s'occupe en même temps d'y faire un premier empierrement, pour que la circulation puisse avoir lieu, en attendant qu'elle arrive à l'état d'entretien.

La partie comprise entre le Pilon et la limite du département, aux territoires de Ronno, Amplepuis et Saint-Jean-la-Bussière, est à l'état d'entretien.

Plusieurs éboulements assez forts se sont produits entre les ponts Tarrets et Valsonne, mais la circulation n'a pas été interceptée.

LIGNE VICINALE N° 14, DE TARARE A VIOLAY.

Cette ligne est à l'état d'entretien dans toute son étendue, si ce n'est sur environ 150 mètres à son origine, pendant lesquels on suit un ancien chemin, en attendant qu'une petite rectification puisse avoir lieu, mais elle n'est pas urgente.

LIGNE VICINALE N° 15 , DE VIENNE A RIVE-DE-GIER ,

avec deux embranchements sur Condrieu et sur Ampuis.

Par suite de la décision du Conseil général prise en sa dernière session, la partie comprise entre la Bernardière et la limite de Châteauneuf, par Longes, a été déclassée, et, ainsi, a disparu la seule lacune importante qui restait à ouvrir.

Maintenant, depuis sa naissance à la culée droite du pont de Vienne, la ligne est en bon état de viabilité jusqu'à la hauteur du Grisard. Quelques empierrements suffiront pour amener cette partie à l'état d'entretien. La partie suivante, qui s'étend jusqu'au Recrut, est peu fréquentée et dans un état qui suffit, quant à présent, à la circulation.

Après s'être réunie à l'embranchement d'Ampuis, au lieu du Recrut, la circulation devient beaucoup plus forte, et la ligne ne sera bien viable en tout temps, qu'après qu'elle aura reçu un second empierrement avec des matériaux dont la rareté rend cette amélioration plus dispendieuse, et par conséquent plus lente. Cet empierrement a néanmoins eu lieu sur plusieurs points entre le Recrut et le bourg de Trèves.

La côte de Trèves a également besoin d'un empierrement en bons matériaux, pour être bien viable pendant la saison d'hiver.

Les travaux considérables qu'a exigés le passage dans la vallée du Gier par la construction de trois ponts, d'un tunnel, et en déblais et remblais énormes, sont enfin achevés, et il ne manque plus que quelques empierrements pour compléter la viabilité de cette partie.

Ces deux dernières parties ont éprouvé quelques dégradations par les eaux du 18 juin ; mais la circulation n'a pas été interrompue.

L'embranchement de Condrieu devient très-fréquenté depuis qu'il est ouvert. On a commencé activement les empierrements, mais ils ne pourront être achevés que dans deux ans.

Il reste une lacune, dont la disparition n'est pas indispensable, à la naissance de l'embranchement d'Ampuis. Un raccordement de la route nationale au ruisseau de Ritolat remplace le chemin principal. Cet embranchement, qui avait été amené à un degré de viabilité déjà satisfaisant, a été assez dégradé par les eaux du 18 juin. Un éboulement considérable s'est manifesté dans la côte.

LIGNE VICINALE Nº 16, DE CHAZAY A NEUVILLE.

Par suite des dispositions qu'a prises un des propriétaires de Saint-Germain, la traverse du village de cette commune, qui était demeurée en lacune, est en voie d'être ouverte; seulement les travaux qui étaient en cours d'exécution ont beaucoup souffert des eaux du 18 juin.

La levée de l'abord du pont de Chazay, rive gauche, a aussi été coupée sur une longueur de 15 mètres. Des travaux ont immédiatement été faits pour rétablir la circulation.

Si ce n'est ces deux petites parties, la ligne est partout à l'état d'entretien.

LIGNE VICINALE Nº 17, DE TREMBLY AU PORT-JEAN-GRAS.

Les travaux de terrassement de cette ligne sont achevés. Ceux d'empierrement ont été commencés sur plusieurs points, mais ils ne peuvent s'exécuter que partiellement, pour pouvoir employer les prestations à leur transport. D'ailleurs, ils ne sont pas urgents dans une partie de son parcours qui est située sur un sol solide, et la circulation n'éprouve plus aucun obstacle sur toute l'étendue de cette ligne située sur le département du Rhône.

Un mur de soutènement le long de la rivière de Mauvaise, au territoire de Jullié, a été détruit sur une longueur de 12 mètres par les eaux du 18 juin ; mais cet accident n'interrompt pas la circulation. D'ailleurs il sera pris des mesures pour qu'il soit promptement relevé.

Tous les appels et toutes les plaintes, au sujet de la rectification du prolongement de cette ligne sur le département de Saône-et-Loire et dans la direction de la Saône, sont demeurés sans effet.

LIGNE VICINALE N° 18, DE BELLEVILLE A TRAMAYES.

Des études ont été faites pour faire disparaître la seule lacune qui reste sur la ligne vicinale n° 18, comprise entre le bourg de Villié et le Vermont. Ces études ont été soumises aux formalités d'enquête, et le tracé pourra prochainement être fixé, et ensuite recevoir promptement son exécution.

A l'exception de cette lacune, la circulation est établie sur toute l'étendue. Les travaux de terrassement sont à peu près achevés, et les empierrements se continuent chaque année et successivement, en réservant les parties où le sol résiste le mieux, pour les dernières.

LIGNE VICINALE N° 19, DE CHESSY A RIVOLET,

avec un embranchement sur Liergues.

Toute la partie comprise entre Chessy, où commence la ligne, et le bourg de Frontenas, est à l'état d'entretien. La petite lacune qui était demeurée au lieu de Bourg-Chanin vient de disparaître, et cet état se prolonge maintenant jusque près du hameau de Boittiers, au territoire de la commune de Theizé.

Mais la restauration qui avait été entreprise entre le hameau de Boittiers et la Croix-Charogny, n'a pas encore pu être achevée en raison des difficultés soulevées par l'administration municipale de Theizé. C'est d'autant plus fâcheux, que la ligne aurait pu être terminée depuis sa naissance jusqu'au bourg de Ville.

La lacune qui existe entre le bourg de Ville et Cogny a été étudiée. Plusieurs tracés sont résultés de ces études, et ont été soumis à une enquête et aux Conseils municipaux des deux communes principalement intéressées.

De toutes ces formalités, il résulte que les propriétaires des localités que doit parcourir le chemin, en désirent l'établissement, qu'ils appuient de leurs demandes et de souscriptions. Ainsi tombent donc les allégations qu'on avait tenté de faire prévaloir contre l'importance de cette partie de la ligne.

Les lieux seront prochainement vérifiés et au besoin étudiés de nouveau, pour chercher à concilier les demandes faites par les propriétaires et les communes, avec les conditions de viabilité et d'économie désirables.

On a donc l'espoir maintenant que cette lacune, qui paraissait ajournée indéfiniment, disparaîtra.

L'embranchement sur Liergues continue à recevoir des travaux pour son amélioration ; seulement un mur de soutènement construit le long du ruisseau à la limite des communes de Ville et Pouilly, s'est écroulé et a entraîné le remblai. Des mesures ont été prises pour rétablir promptement ce passage.

LIGNE VICINALE N° 20, DE SAINT-CYR AU PORT-RIVIÈRE,
avec trois embranchements, Montmelas, Vaux et Montmerle.

A quelques élargissements près, principalement au territoire des communes de Saint-Cyr-le-Châtoux et Blacé, la ligne vicinale nᵒ 20 a été amenée à l'état d'entretien. Ces élargissements ont lieu successivement à mesure que le besoin s'en fait sentir, mais ils ne sont pas indispensables pour la circulation.

Il en est de même de ses trois embranchements. Un projet a été dressé pour opérer le plus tôt possible l'élargissement de quelques parties de celui de Montmelas, au territoire d'Ouilly.

Les fortes eaux du 18 juin ont détruit la berge de la rivière et emporté une partie de la largeur du chemin sur deux points, dans la partie comprise entre le parc de Lacarelle et la Valla, au territoire de Saint-Étienne. On ne pourra guère réparer ces dégâts qu'au moyen de murs de soutènement.

LIGNE VICINALE Nᵒ 21, DE VAISE A SAINT-CYR.

Cette ligne est à l'état d'entretien, sauf dans quelques parties, au territoire de Saint-Cyr-au-Mont-d'Or, où elle n'a pas encore obtenu toute sa largeur. Ce n'est que successivement qu'elle pourra y arriver, en raison des constructions qui la bordent.

LIGNE VICINALE Nᵒ 22, DE MONSOLS A CLUNY.

Sur les deux tiers de son étendue, cette ligne a été amenée à l'état d'entretien, et il ne reste à faire que quelques élargissements et empierrements au territoire de Trades, et en approchant de la limite du département de Saône-et-Loire, vers laquelle arrive cette voie de communication.

Mais ces travaux ne sont pas urgents : ils resteraient même sans effet, tant que le département de Saône-et-Loire laissera exister la lacune de moins d'un kilomètre qu'on rencontre en entrant sur son territoire.

Toutes les réclamations et toutes les démarches qui ont été faites depuis cinq ans, n'ont pu aboutir à faire disparaître cette lacune, qui paralyse les travaux faits sur le département du Rhône. L'ancien chemin que l'administration de Saône-et-Loire se propose de suivre pour faire suite à cette ligne, était même tombé dans un état d'impraticabilité tel, qu'il ne pouvait plus être fréquenté. Il a fallu que des propriétaires de Monsols viennent de leur argent payer une indemnité de 120 francs environ, pour pouvoir se frayer un passage.

LIGNE VICINALE N° 23, DE LAMURE A SAINT-MAMERT.

Des travaux d'amélioration ont été continués dans la partie comprise entre l'origine de la ligne et la route départementale n° 4, au territoire des communes de Claveisolles, Poule et Chenelette. Au surplus, cette partie est dans un état de viabilité passable, en attendant son achèvement.

Comme je l'avais prévu par mon rapport de l'année dernière, on a entrepris les travaux nécessaires pour faire disparaître la lacune qui existe entre Chenelette et l'Orme-de-Crie. Des travaux considérables y ont été exécutés, et l'ouverture serait complétée à l'heure qu'il est, si quelques propriétaires, sous l'inspiration d'influences fâcheuses, n'étaient pas venus mettre des entraves en refusant de traiter amiablement pour la prise de possession des parcelles à occuper.

Ce n'est qu'après avoir eu raison de leur résistance, au moyen du jury d'expropriation, que les travaux pourront être repris.

Sans être complétement empierrée, la partie comprise entre l'Orme-de-Crie et le Razay suffit à la circulation, au moyen de quelques travaux d'entretien, en attendant qu'elle puisse recevoir un empierrement général.

LIGNE VICINALE N° 24, DE LYON A PANISSIÈRES.

Des travaux s'exécutent en ce moment pour l'amélioration de l'ancien chemin que suit la ligne vicinale n° 24, depuis sa naissance jusqu'au bourg de Grézieux.

Toute la partie comprise entre Grézieux et la route départementale n° 3, a été amenée dans un état assez praticable, et si ce n'est quelques élargissements et l'achèvement du remblai des abords du pont construit sur la Brevenne, les terrassements sont terminés.

On a commencé les empierrements, qui seront continués chaque année.

La partie située entre la route départementale n° 3 et la ligne vicinale n° 7, est à l'état d'entretien.

LIGNE VICINALE N° 25, D'YZERON AU PONT D'ANZIEUX.

Cette nouvelle ligne de grande communication a été immédiatement l'objet de la sollicitude de l'administration, surtout en ce qui concerne la partie qui, à partir de Sainte-Foy, se dirige vers le pont d'Anzieux en prolongement direct de la route départementale n° 3, partie qui est d'ailleurs destinée à beaucoup d'avenir. Une entreprise comprenant tous les travaux de terrassement et tous les travaux d'art, entre Sainte-Foy et la limite du département, est en cours d'exécution. Les empierrements seront ensuite faits au moyen des matériaux que transporteront les prestataires.

En ce qui concerne le département du Rhône, l'ouverture de cette voie de communication, depuis si longtemps désirée, sera donc bientôt achevée.

Toute la partie située entre la naissance de la ligne et le bourg de Montromand est livrée à la circulation, et des travaux ont été exécutés pour l'ouverture sur plusieurs points entre Montromand et Sainte-Foy. Mais la commune de Saint-

Genis ne paraît pas encore bien empressée de faire disparaître la lacune de son territoire.

LIGNE VICINALE N° 26, DE BEAUJEU A MACON.

Les travaux d'ouverture de cette nouvelle ligne ont été continués, et, à l'exception de la partie située au territoire de Beaujeu, elle sera ouverte dans toute son étendue, après l'exécution d'une entreprise dont le projet est préparé, et qui consiste en différents travaux de terrassement dans des parties où la dureté du sol ne permet pas aux prestataires de travailler, et en travaux d'art pour la construction de plusieurs ponceaux et d'un pont sur la rivière de Mauvaise.

Un arrêté préfectoral en date du 23 avril dernier a fixé le tracé à l'abord de Beaujeu, sur la longueur d'environ 1,600 mètres qui étaient demeurés en lacune, par suite de longues et désagréables contestations soulevées au sujet de la direction à suivre.

Le tracé arrêté ménage mieux les intérêts de toute la ville de Beaujeu, et surtout ceux du faubourg des Etoux, qui avait des droits acquis au passage de la ligne par son centre, soit en raison de ce que le chemin actuel y débouche, et précisément au point où le tracé arrêté prend naissance, soit en raison de ce que le tracé primitivement approuvé, à vue des délibérations des conseils municipaux de dix communes intéressées, parmi lesquelles était celle du conseil municipal de Beaujeu, qui a encore constamment réclamé cet aboutissant depuis, fixait le point de départ de manière à faire arriver le chemin par ce faubourg. D'autant plus encore que c'était sans nécessité qu'il aurait été abandonné. D'ailleurs, les souscriptions volontaires couvrent à peu près toute la dépense présumée pour l'ouverture de cette partie du chemin.

Aussitôt que les formalités pour l'expropriation de quelques propriétaires, qui étaient partisans du tracé en concurrence et principaux souscripteurs de ce tracé, précisément pour éviter le passage sur leurs propriétés, auront été remplies, on exécutera promptement les travaux.

LIGNE VICINALE N° 27, DE PONTCHARRA A VILLECHENÈVE.

Cette ligne, qui a été classée de grande communication dans la dernière session du Conseil général, et dont les travaux avaient été continués activement, a subi beaucoup de dégâts par les eaux torrentielles du 18 juin. Environ 200 mètres de longueur de murs ont été détruits, ainsi que le remblai qu'ils soutenaient, de manière que le chemin a été complétement intercepté.

Sans ces fâcheux dégâts, les terrassements seraient bien avancés dans toute la partie comprise entre Saint-Forgeux et la limite de Villechenève. Le projet est dressé pour continuer cette ouverture sur Villechenève le plus tôt possible.

LIGNE VICINALE N° 28, DE RIVE-DE-GIER A CHAVANAY.

Créée d'une partie de la ligne vicinale n° 15 et du chemin de Longes à Chassenoud, la ligne vicinale n° 28 est maintenant ouverte dans toute son étendue depuis la limite de Château-Neuf (Loire) jusqu'au col de Chassenoud, c'est-à-dire sur 9 des 10 kilomètres qu'elle a d'étendue. Seulement il lui manque encore un peu de largeur sur plusieurs points et les empierrements. Ces travaux seront faits successivement à l'aide des prestations en nature.

Quant au kilomètre environ qui reste en lacune entre le Col-de-Chassenoud et la Clochetière, l'ouverture n'en sera urgente qu'autant que le département de la Loire continuera cette ouverture sur son territoire.

LIGNE VICINALE DE LYON A CRÉMIEUX , QUI A ÉTÉ CLASSÉE SOUS LE N° 24 PAR LE CONSEIL GÉNÉRAL DE L'ISÈRE, ET QUI SERA , DANS LE RHÔNE , LA LIGNE VICINALE N° 29 , DE LA GUILLOTIÈRE A CRÉMIEUX.

Le chemin vicinal de grande communication n° 24, du département de l'Isère et de Crémieux à Lyon , aboutissait à la route départementale n° 9 , du Rhône , précisément au point où cette route rejoint le territoire du département de l'Isère, en sorte que ce chemin était complétement situé sur le territoire de l'Isère , tout en suivant cependant la limite de ce département pendant 1,800 mètres avant d'arriver sur cette route.

Mais, par suite de l'adjonction des communes de Villeurbanne, de Bron et Vaulx , au département du Rhône , il aura maintenant une étendue de 4,700 mètres sur ce département , et il conviendra de lui ajouter 2,100 mètres de route départementale , qui ont été abandonnés par suite du changement de la route départementale n° 9.

Cette nouvelle ligne aura donc une étendue de 6,800 mètres. Elle est à l'état d'entretien, sauf quelques élargissements qui ne peuvent guères s'opérer que successivement, et à mesure que les propriétaires riverains demandent à se clore.

Chemins vicinaux de moyenne communication.

Sous le titre de chemins de moyenne communication, sont compris ceux de moindre importance que les précédents, mais qui néanmoins s'étendent sur plusieurs localités pour lesquelles ils ont un intérêt commun. Quoiqu'ils ne soient pas tous placés sous le régime de l'article 6 de la loi du 21 mai 1836, en ce qui concerne la proportion de concours, les projets n'en sont pas moins étudiés avec ensemble, et de manière à assurer des conditions de viabilité en rapport avec l'importance de chacun.

Je vais donner quelques détails sur les principaux, en les plaçant alternativement pour chacun des deux arrondissements de Villefranche et de Lyon :

1° CHEMIN DU PONT DE LOZANNE A LA CHICOTTIÈRE.

Ensuite des études qui furent faites l'année 1847, et qui firent apprécier l'importance de cette voie de communication, elle fut placée sous l'administration des ponts-et-chaussées. Plusieurs projets ont ainsi été présentés par MM. les Ingénieurs. Enfin, le Conseil général a demandé, en session de 1851, qu'elle fût étudiée comme chemin de grande communication sur une largeur de 8 mètres.

Les études sont en cours d'exécution, et un projet spécial sera présenté avant la réunion du Conseil.

2° CHEMIN DE LA TOUR A RIVE-DE-GIER.

Un avant-projet avait été dressé depuis quelques années pour l'établissement d'une grande ligne vicinale tendant de La Tour à Rive-de-Gier, et destinée d'abord à donner débouché, dans les directions nord et sud, aux communes qu'elle traversera, et qui, dans l'état actuel, peuvent à peine communiquer entre elles, et ensuite à établir des relations plus directes entre ces communes et celles du canton du Bois-d'Oingt et d'Anse avec Rive-de-Gier, où elles écoulent leurs vins pour en retirer de la houille.

Les travaux considérables qu'avaient entrepris presque toutes les communes intéressées, ont retardé l'exécution de ce projet; mais le moment est venu où plusieurs d'entre elles pourront s'occuper activement de cette entreprise. Quelques-unes ont même fait de fortes souscriptions à cet effet.

Les formalités d'enquête viennent d'avoir lieu, et le tracé pourra être fixé très-prochainement.

3° CHEMIN DE THIZY A CHARLIEU.

Les travaux qui ont été faits en dernier lieu sur ce chemin, et qui se continuent, lui assurent une bonne viabilité d'ici à la fin de l'année. Il ne restera que quelques empierrements à faire qui s'achèveront successivement.

Il est destiné à relier Thizy avec de nombreuses communes du département de la Loire, dans la direction de Charlieu.

4° CHEMIN DE LA CROIX-ROUSSE A FONTAINES PAR CALUIRE.

Placés sur un plateau dont les abords escarpés sont diffi-ciles, le faubourg de la Croix-Rousse et Caluire ne peuvent avoir de communications commodes que dans la direction de Fontaines. Aussi est-il indispensable de rectifier le chemin de la Croix-Rousse à Fontaines, pour changer la montée de Roies, qui est maintenant le seul obstacle à la bonne viabi-lité de ce chemin.

L'avant-projet de cette rectification est préparé et est soumis aux formalités.

5° DES ÉCHARMEAUX A LA CLAYETTE.

Aussitôt que le tracé de ce chemin a été fixé dans la partie comprise entre Propières et la ligne vicinale n° 5, les travaux ont été activement entrepris au territoire de Saint-Igny-de-Vers, et l'ouverture a été faite immédiatement sur environ 2 kilomètres. Il est fâcheux que celle de Propières, essentiellement intéressée, ne mette pas le même empressement.

La première partie du chemin, située entre les Echarmeaux et Propières, est en assez bon état.

6° DE SAINT-JUST A L'ÉTOILE-D'ALAÏ.

Le chemin de Saint-Just à l'Etoile-d'Alaï, où il rejoint la route nationale n° 89, sert de raccourci à un grand nombre de communes dont les habitants écoulent journellement leurs produits sur Lyon. Ce chemin, qui est d'ailleurs en bon état, aurait une grande importance si, arrivé à Saint-Just, il rencontrait une communication facile pour descendre à Lyon.

7° DE RANCHAL A CHARLIEU PAR COURS.

Ce chemin, qui est destiné à relier Cours et Thel à la ligne vicinale n° 10, à Ranchal, et en même temps d'établir une communication entre ces communes et plusieurs autres du département de la Loire, dans la direction de Charlieu, a été complétement ouvert à neuf depuis quelques années, mais il ne peut s'achever que lentement.

8° DE GIVORS A LA CLOCHETIÈRE.

L'ouverture de ce chemin est, à une centaine de mètres près, achevée dans toute la partie comprise entre le Pilon et la Clochetière. Le chemin que la commune de Givors a ouvert à grands frais, pour arriver à son nouveau cimetière, sera la naissance de cette ligne. Mais il reste toute la partie située sur le plateau et jusqu'à la Croix-Régis à ouvrir. Des souscriptions se recueillent pour cette ouverture, qui aurait beaucoup d'importance pour Givors surtout.

9° DE VAUX A CLAVEISOLLES.

A partir de la Valla, en bas de Vaux, un chemin vicinal a été ouvert dans une des grandes vallées de la commune de Vaux. Ce chemin est à peu près à l'état d'entretien jusqu'à la Croix-Rozier, où il entre sur le territoire de Claveisolles pour aller, après avoir traversé le hameau de Vallossière, aboutir sur la ligne vicinale n° 9.

Les travaux se continuent assez activement au territoire de Claveisolles, où plusieurs ponceaux et aqueducs ont été construits ou vont être entrepris.

10° CHEMIN DE BRIGNAIS A THURINS.

Ouvert à neuf dans toute l'étendue comprise entre Brignais et Soucieu, ce chemin est maintenant livré à la circulation, et il ne reste plus à faire que quelques empierrements pour l'amener à l'état d'entretien.

L'avant-projet de la partie comprise entre Soucieu et Thurins a été approuvé en dernier lieu, et prochainement on sera en mesure d'entreprendre les travaux.

11° CHEMIN DU BANCILLON A COURS.

Ce chemin prend naissance sur la route départementale n° 5, et traverse d'abord le territoire de Saint-Jean-la-Bussière où il est encore en lacune. L'ouverture a ensuite été commencée au territoire des communes de Cublize, Marnand et La Chapelle. Un pont a été construit sur la rivière de Reins.

Dans la partie située entre la ligne vicinale n° 9 et le bourg de Mardore, le chemin est ouvert et livré à la circulation. L'ouverture sera entreprise entre Mardore et Cours aussitôt que le projet, qui est aux formalités, sera approuvé et le tracé fixé.

12° CHEMIN DE MONTROTTIER A FEURS.

A partir de la ligne vicinale n° 4, sur laquelle ce chemin prend naissance, il est en assez bon état jusqu'au bourg de Longessaignes. Quelques empierrements suffiront pour l'amener à l'état d'entretien.

La partie entre Longessaignes et Chambost est encore à l'état de lacune, et la commune de Chambost, qui a un si grand intérêt à l'établissement de cette voie de communication, est demeurée dans une apathie inexplicable. Grâce à l'intervention active d'un propriétaire de cette commune, la partie située au delà de Chambost est cependant en voie d'exécution jusqu'à la limite du département de la Loire, sur lequel le chemin doit se prolonger.

13° CHEMIN DE VILLEFRANCHE A TERNAND.

En quittant Villefranche, ce chemin entre sur le territoire de Gleizé, et est en très-bon état dans la vallée du Morgon. Il s'élève ensuite par Chervinges et arrive au territoire des communes de Liergues et de Lacenas, dont il longe la limite et où il est en assez mauvais état.

Le projet a été arrêté en ce qui concerne le territoire de Ville; mais les travaux n'ont été entrepris qu'à partir du saul d'Oingt et la limite de Sainte-Paule, où le chemin a été ouvert à la largeur de 5 mètres et livré à la circulation.

La même ouverture se continue au territoire de Sainte-Paule et jusqu'au bourg de cette commune, après lequel il existe une lacune qui s'étend jusqu'à Ronzières, territoire de Ternand.

De là le chemin est à l'état d'entretien jusqu'à la route départementale n° 7, où il se termine.

14° CHEMIN DE GIVORS A DUERNE.

Le projet de la première partie de ce chemin, située entre la Forestière et le Logis-Neuf, a été préparé dès l'année 1846; mais il n'a pas reçu d'autres suites jusqu'à ce jour.

Du Logis-Neuf à Mornaud, il serait convenable de rectifier ultérieurement le chemin actuel en suivant le ruisseau.

Un règlement général et quelques empierrements ont rendu la circulation facile jusqu'à la limite de Chaussan, et ensuite le chemin est à l'état d'entretien jusqu'au bourg de Chaussan.

Le tracé vient d'être fixé dans la partie comprise entre Chaussan et la limite du territoire de Rontalon, et en attendant que cette partie reçoive son exécution, les études s'achèveront entre ce dernier point et l'extrémité du chemin.

15° CHEMIN DE MATOUR A CHAUFFAILLES.

Un projet avait été conçu par le département de Saône-et-Loire pour relier, par une voie vicinale, les deux chefs-lieux de canton, Matour et Chauffailles. On a offert à ce département de faire l'ouverture de cette ligne dans la partie située sur le Rhône. Aucune réponse n'ayant été faite à cette offre, nous avons dû nous borner à faire fixer le tracé entre Aigueperse, où se trouve un point obligé, et le Col-de-la-Cépéc, d'où on pourra facilement se rattacher à un point obligé sur Saône-et-Loire, et qui s'en trouve rapproché, sauf à suspendre l'exécution jusqu'à ce que ce dernier département mette son projet à exécution. En attendant, on s'occupe autant que possible d'un embranchement de ce chemin, tendant d'Aigueperse au Sordet, où il rejoint la ligne vicinale n° 5.

16° CHEMIN DE LA GIRAUDIÈRE A LA MAISON-BLANCHE.

Un pont à deux arches est en construction sur la Brevenne et à la naissance de ce chemin; ensuite, on suit un ancien chemin jusqu'au bourg de Courzieux, à l'abord duquel des travaux sont en cours d'exécution pour améliorer ce passage.

Du bourg de Courzieux au col du Pilon, le projet reste en lacune. Mais au delà de ce col, l'ouverture a été entreprise activement, et peut déjà être parcourue par la circulation jusqu'au col de Malval; cette ouverture se prolonge même sur le territoire de Vaugneray jusqu'au bourg de cette commune; mais le chemin est encore loin d'être à l'état de viabilité.

La partie située entre Vaugneray et la Maison-Blanche seulement est à l'état d'entretien, et encore sera-t-elle susceptible ultérieurement de quelques déblais et remblais pour régulariser les pentes.

17° CHEMIN DU PONT DE THOISSEY A OUROUX.

Sous ce titre peuvent être compris :

1° La levée du pont de Thoissey à la route nationale n° 6, qui a été établie et qui est entretenue en assez bon état par la compagnie du pont;

2° Le chemin en cours d'exécution au moyen de souscriptions volontaires, entre la route n° 6 et l'ancienne route;

3° Le chemin qui fait suite et passe par le bourg de Fleurye, pour se prolonger jusqu'aux Labourons, qui a subi plusieurs rectifications et est en bon état;

4° Celui dont le projet a été étudié et qui est aux formalités, des Labourons à Ouroux.

Toutes ces parties se font en effet suite les unes aux autres.

18° CHEMIN DE LA MAISON RAT A SAINT-MARTIN PAR RONTALON.

La commune de Rontalon n'a épargné aucun sacrifice pour obtenir l'ouverture du chemin qui traverse tout son territoire, et l'intéresse au plus haut degré. Aussi il ne reste plus qu'une lacune un peu importante dans toute l'étendue de son territoire et de celui de Thurins.

19° CHEMIN DE VILLEFRANCHE A SAINT-JULIEN.

Malgré les difficultés pour mettre à exécution l'arrêté préfectoral qui plaçait ce chemin sous le régime de l'article 6 de la loi du 21 mai 1836, on est cependant parvenu à l'amener dans un assez bon état de viabilité. Il reste toutefois quelques élargissements à opérer, notamment sur Ouilly. Une rectification importante a eu lieu dernièrement au territoire d'Arnas.

Un projet est dressé pour prolonger ce chemin par les terres de Pain-Béni jusqu'aux portes de Villefranche, à partir de la rivière de Nizeran, vers laquelle il prenait naissance, et qui sera traversée au moyen d'un pont. Des souscriptions sont faites pour mettre ce projet à exécution.

20° CHEMIN DE VAISE A LA TOUR PAR DARDILLY.

Beaucoup d'améliorations ont été faites à ce chemin depuis quelques années. Celle du passage du ruisseau de Traine-Cul, qui se compose de la construction d'un ponceau, de forts remblais et de la rectification du chemin, est en cours d'exécution. Cette amélioration a malheureusement souffert considérablement de la pluie torrentielle du 18 juin.

A sa naissance, et en quittant la route nationale n° 7, se présente une rampe qui détruit tout l'intérêt de cette voie de communication. Plusieurs projets ont été étudiés pour la faire disparaître; aucun n'a encore pu recevoir son exécution, en raison de la dépense énorme qu'il est indispensable de faire. On est en voie de recueillir des souscriptions, et si, comme on l'annonce, elles arrivent au-dessus de 10,000 francs, il sera probablement possible d'entreprendre l'exécution du projet qui présente les meilleures conditions.

21° CHEMIN DE RANCHAL AUX QUATRE-VENTS.

L'ouverture de la partie située sur le département du Rhône a été entreprise et pourrait être promptement terminée; mais elle n'aura de l'effet que lorsqu'elle sera prolongée sur le département de la Loire, où est située la plus grande étendue de ce chemin.

22° CHEMIN DE SAINT-IRÉNÉE A MALATAVERNE.

Depuis sa naissance jusqu'à Francheville, le chemin est à l'état d'entretien; mais la pente qui existe en arrivant sur le territoire de Francheville s'oppose à une bonne viabilité, quoique cette partie soit pavée.

Les travaux considérables qui ont été exécutés depuis quelques années dans la traverse de Francheville permettent une circulation facile sur ce passage. Ces travaux se continuent jusqu'au pont du Chêne, où s'étend le territoire de Francheville, et bientôt le chemin sera amené à un bon état jusqu'à ce point.

Mais au delà, sa restauration devient beaucoup plus difficile, parce qu'elle n'intéresse pas aussi directement les communes que le chemin traverse. Aussi, n'est-ce que lentement que l'amélioration s'obtient.

23° CHEMIN DE CHATILLON A VILLEFRANCHE PAR ALIX.

Ce chemin a été élargi et amélioré dans la plus grande
partie de son étendue, entre sa naissance et Alix. Au delà,
les travaux seront peu importants, mais ils n'ont été entrepris qu'à l'abord d'Alix.

24° CHEMIN DE LA TOUR A NEUVILLE.

Quelques parties isolées seulement de ce chemin ont été
entreprises, et les communes essentiellement intéressées ne
mettent pas de l'empressement à obtenir son ouverture complète : elle paraît ainsi ajournée.

25° CHEMIN DU PONT DE DORIEUX A VILLEFRANCHE PAR CHARNAY.

Des travaux importants ont été faits au moyen de souscriptions volontaires et de votes extraordinaires des communes de Charnay et de Belmont, pour l'établissement de ce
chemin à partir de Dorieux jusqu'au-dessus de Belmont,
où le tracé rejoint l'ancien chemin qui n'a plus besoin que
de quelques améliorations et de quelques redressements
jusqu'à Villefranche.

En même temps qu'il peut servir de coursière aux voya-
geurs venant du côté de l'Arbresle pour se rendre à Villefranche, ce chemin donne aussi un débouché essentiel aux
communes qu'il traverse.

26° CHEMIN DE LA GIRAUDIÈRE A HAUTE-RIVOIRE.

La première partie de ce chemin, comprise entre la Giraudière et Saint-Laurent, a déjà été l'objet de beaucoup de
dépenses; mais sa direction sur le sommet de deux coteaux
laisse exister des rampes nuisibles à une bonne viabilité.

Deux projets ont été étudiés pour le rectifier, si les communes intéressées s'y disposaient : l'un, par la vallée de

Charffetin, et dont la dépense énorme qu'il occasionnerait, rend l'exécution sinon impossible, au moins très-difficile; et l'autre, plus économique des deux tiers, par la vallée Coquard, n'offrirait pas beaucoup de difficultés, si la commune de Saint-Laurent était disposée à faire des sacrifices suffisants.

Une rectification a été étudiée dans la partie située entre Saint-Laurent et Haute-Rivoire, mais le projet est demeuré sans exécution.

27° CHEMIN DU CERGNE A LA BUCHE.

C'est surtout pour combler une lacune d'une ligne vicinale importante du département de la Loire, que ce chemin a été conçu. Cette ligne, qui vient de Roanne par Perreux, Coutouvre, la Gresle et Sévelinges, doit en effet emprunter le territoire du département du Rhône entre le Cergne et la Buche pour aller rejoindre la ligne vicinale de grande communication n° 14 de la Loire, et arriver à Belmont où il se dirige.

Des mesures sont prises pour assurer prochainement l'ouverture complète de ce chemin qui, jusque-là, n'avait été qu'ébauché.

28° CHEMIN DE SAINTE-FOY A SAINT-SYMPHORIEN PAR AVEIZE.

Pour éviter le contour que l'on est obligé de faire par Duerne, en suivant les routes nationales et départementales, et cela en gravissant des rampes très-fortes, on a eu la pensée de tracer un chemin plus direct, et qui s'élève sur la hauteur d'Aveize, au moyen de lacets. La commune d'Aveize travaille activement à son ouverture qui est bien avancée.

D'Aveize, on n'aura plus qu'à rectifier un chemin déjà existant pour arriver, après avoir traversé la route départementale n° 1, à celle n° 3, qui se dirige ensuite sur Saint-Symphorien.

29° CHEMIN DE SAINT-PAUL AU BOIS-D'OINGT.

On a fait assez de dépenses en déblais et remblais pour améliorer le chemin qui conduit de la route départementale n° 6, en partant de Saint-Paul, au Bois-d'Oingt ; mais il conserve des pentes et rampes, qui ne peuvent disparaître qu'au moyen d'une rectification plus complète.

Du Bois-d'Oingt le chemin se prolonge jusqu'à Oingt, et on est en voie de l'élargir et de lui faire subir une grande amélioration.

30° CHEMIN DE LA CROIX-DES-OLMES A COUZON.

Ce chemin fait suite à la ligne vicinale n° 21, dans la direction de Couzon, par la hauteur de Colonges et par Saint-Romain. Il est en assez bon état ; mais il n'a pas encore une largeur suffisante, et a des pentes trop fortes avant d'arriver à Saint-Romain. Sa rectification serait l'objet d'une forte dépense devant laquelle on recule.

31° CHEMIN DE TARARE A LAMURE PAR VALSONNE.

Un projet a été dressé pour le prolongement dans la direction de Lamure, par Saint-Just, du chemin vicinal de Tarare à Valsonne. Cette voie de communication aurait de l'importance. Son exécution ne nécessiterait que peu de dépenses entre Valsonne et Saint-Just. Les accidents de terrain au delà de cette dernière commune présentent plus de difficultés.

32° CHEMIN DE LAROCHETTE A SAINT-JULIEN.

Depuis longtemps ce chemin est entrepris ; mais les communes intéressées ont mis peu d'empressement à son achèvement. On a même été obligé de prendre des mesures pour l'emploi des ressources d'office. Alors la commune de Bi-

bost s'est empressée d'ouvrir une souscription volontaire,
qui s'élève au delà de 3,000 francs, pour obtenir un autre
tracé. Les travaux sont en conséquence suspendus jusqu'à
ce que les études de ce tracé soient faites, et permettent de
s'assurer s'il peut recevoir son exécution.

33° CHEMIN DE JULLIÉ A TRAMAYES PAR CENVES.

Isolée de toute grande voie de communication, la commune de Cenves n'a eu recours qu'à ses propres forces pour
se créer un chemin qui traverse son territoire, très-acci-
denté par le centre. La partie de ce chemin qui, du bourg,
va dans la direction de Tramayes, est livrée à la circulation
depuis plusieurs années, et va aboutir à un chemin aussi
ouvert depuis peu par le département de Saône-et-Loire.

Celle qui se dirige sur Jullié est en voie d'exécution
jusqu'à la Croix-Gerbay, où se termine la commune. Il deviendra ensuite nécessaire de rectifier le prolongement de
ce chemin entre la Croix-Gerbay et Jullié.

34° CHEMIN DE GIVORS A CHASSAGNY.

Séparée de son chef-lieu de canton par des ravins pro-
fonds, la commune de Chassagny a entrepris de s'y rattacher
par un chemin ouvert à neuf dans un de ces ravins. Des
travaux sont faits chaque année pour l'amener à l'état de
bonne viabilité. De son côté, la commune de Givors a bien
restauré la partie située sur son territoire.

35° CHEMIN D'ANSE A THEIZÉ PAR LA CHASSAGNE.

Ce chemin fait suite, en ligne directe, au premier tronçon
de la route départementale n° 3, qui avoisine Anse. Il est en
parfait état d'entretien à partir du pont de Brigneux, où
cesse la route départementale, jusque sur la hauteur de
Saint-Cyprien, si ce ne sont les rampes qui sont un peu fortes.

On est parvenu à l'améliorer sensiblement au moyen des grands travaux qui ont été faits entre Saint-Cyprien et l'abord des bois d'Alix.

Il y aurait peu de travaux à faire pour terminer ce chemin jusqu'à la route départementale n° 6. Cette dernière partie, située sur le territoire des communes de Frontenas et Theizé, a été l'objet d'un projet qui n'a pas encore été approuvé.

36° CHEMIN DE SAINT-ROMAIN A ÉCHALLAS.

Dans la prévision de la route nationale n° 88, dont la rectification est commencée le long de la vallée du Gier, et pour s'y relier, les communes de Saint-Romain-en-Gier et Echallas ont fait de grands sacrifices pour l'établissement d'un chemin entre les deux bourgs de ces communes. Ce chemin est maintenant livré à la circulation. Les travaux d'achèvement s'exécuteront successivement et chaque année.

37° CHEMIN DE PÉPY A DIÈME.

Perduc en quelque sorte dans les montagnes, la commune de Dième n'avait d'issue praticable que le long de la rivière de Pépy, pour venir rejoindre la ligne vicinale n° 13. Un chemin a donc été étudié et tracé le long de cette rivière ; mais les faibles ressources dont dispose cette commune ne permettent son exécution que lentement.

38° CHEMIN DE SAINTE-CATHERINE A LARAJASSE.

Un chemin a été entrepris au travers du territoire de la commune de Larajasse, pour relier ses deux agglomérations principales, l'Aubépin et Larajasse, à la ligne vicinale n° 2. La section de l'Aubépin pousse activement la partie qui l'intéresse plus essentiellement, et qui se dirige sur Sainte-Catherine. La partie qui, de Larajasse, se dirige sur Saint-Symphorien, est encore à l'état de projet.

39° CHEMIN DE PONTCHARRA A SAINT-JULIEN.

Le chemin qui part de Pontcharra dans la direction de Saint-Julien par Saint-Romain, Ancy et Savigny, est essentiel pour l'écoulement sur Tarare des produits de ces communes. Un projet a été dressé depuis plusieurs années pour sa rectification et son amélioration complètes; mais il n'y a pas été donné suite. On se contente d'y faire quelques réparations isolées et insuffisantes.

40° CHEMIN DE LA DEMI-LUNE A SAINTE-CONSORCE.

Des réparations importantes ont été faites à ce chemin, qui traverse Tassin, Saint-Genis-les-Ollières, et se dirige sur Sainte-Consorce.

Chemins vicinaux ordinaires.

En outre des travaux considérables qui ont été exécutés sur les principales voies de communication vicinales dont je viens de faire mention, les chemins vicinaux ordinaires ont reçu une grande impulsion dans presque toutes les communes du département. Parmi les améliorations de toute espèce que ces chemins ont reçues, on peut citer des ouvertures, des rectifications et des constructions de travaux d'art importants.

Ainsi, la commune d'Irigny a, au moyen de souscriptions auxquelles ont contribué 209 contribuables sur 214 inscrits sur le rôle, exécuté l'ouverture entière d'un nouveau chemin vicinal destiné à servir d'embranchement à la principale agglomération de cette commune, sur la ligne vicinale n° 12.

Cette entreprise est réellement remarquable par son importance et la promptitude de son exécution.

C'est aussi au moyen de souscriptions volontaires et des prestations en nature, que la commune de Saint-Georges-de-Reneins a entrepris et presque terminé l'ouverture d'un chemin tendant en ligne droite de l'extrémité sud du bourg à la levée de Port-Rivière.

Menacée d'être envahie par la rivière du Gier, la commune de Givors vient d'entreprendre, à l'aide d'une souscription dont le montant arrive à 14,000 francs, la rectification de son chemin vicinal n° 2, par une digue destinée aussi à renfermer les eaux dans leur lit, et un pont sur le ruisseau de Cotéon. Les travaux étaient entrepris le 18 juin dernier, et la grande crue du Gier y a occasionné beaucoup de dégâts; mais au moment où elles ont cessé de grossir, une brèche s'est manifestée et aurait causé des désastres incalculables, si de promptes mesures n'avaient pas été prises pour arrêter l'irruption par cette brèche, au moyen d'enrochements. Cette circonstance fait sentir encore davantage la nécessité de l'amélioration qui est entreprise.

Les cessions gratuites de terrain qui ont été faites par quelques propriétaires de la commune de Chiroubles, ont permis à cette commune d'ouvrir promptement un chemin tendant du bourg aux lignes vicinales n°s 26 et 18. D'autres souscriptions importantes en terrain faciliteront l'ouverture d'un nouveau chemin, dont le projet est préparé, dans la direction de Beaujeu, et allant aboutir au col du Truge, où se croisent les deux lignes.

Une rectification importante, qui s'opère dans la commune de Saint-Germain-au-Mont-d'Or, et presque totalement à la charge d'un propriétaire de cette commune qui y a aussi son intérêt, établira une communication facile entre son bourg et la ligne vicinale nº 8, et même les bords de la Saône. Les eaux du 18 juin ont causé beaucoup de dégâts à cette entreprise.

La commune de Condrieu a restauré complétement son chemin vicinal nº 1, et se propose de continuer la rectification de celui nº 10, au moyen de fortes souscriptions.

Aussitôt que le tracé du chemin de Meaux à la vallée de Rheins a été approuvé, les travaux y ont été activement entrepris, au moyen de souscriptions volontaires et prestations en nature. Ce chemin est destiné à faire suite à celui que la commune de Meaux a déjà ouvert dans la direction de la route départementale nº 5. Son territoire se trouvera ainsi traversé par le centre.

En outre du pont de 20 mètres d'ouverture que la commune de Courzieux fait construire en ce moment sur la Brevenne, pour le passage du chemin vicinal de la Giraudière, elle en a entrepris un autre à deux arches sur la même rivière, destiné à donner débouché à toute la partie sud de son territoire sur la route départementale nº 3, par un autre chemin vicinal. Cette construction a été favorisée par des souscriptions volontaires.

Un pont à deux arches est aussi en construction sur la rivière d'Azergues, pour la communication entre le bourg du Breuil et la route départementale nº 7.

Des souscriptions volontaires, montant à plus de 3,000 fr., et provenant surtout d'un propriétaire du hameau de Buyon, ont permis la construction, pendant la campagne dernière, d'un pont d'une seule arche sur la rivière de Vauxonne, sur un chemin vicinal de Saint-Etienne-la-Varenne. Ce propriétaire s'était même chargé de la construction.

La commune de Dardilly a entrepris la création de deux nouveaux chemins vicinaux, dont les travaux sont en cours d'exécution.

A Saint-Didier-au-Mont-d'Or, deux chemins ont subi une restauration complète, au moyen surtout de souscriptions volontaires.

Une rectification complète du chemin de Rivolet à Mont-melas, se continue au territoire de Rivolet.

Quelques propriétaires de la commune de Saint-Didier-sur-Beaujeu se sont engagés à supporter tous les frais d'indemnité qu'occasionnera une rectification très-essentielle du chemin vicinal n° 1, de la commune. Les travaux ont été entrepris et s'achèveront aussitôt après l'expropria-tion d'un propriétaire seulement, avec lequel on n'a pas pu traiter amiablement.

Un pont de 7 mètres d'ouverture a été construit à l'aide des souscriptions volontaires, sur un chemin vicinal de la commune d'Ampuis.

Après avoir achevé l'ouverture de la ligne vicinale de grande communication n° 24, la commune de Chevinay s'occupe de créer trois embranchements pour y arriver de ses principaux hameaux.

Un chemin a été rectifié complétement pour communi-quer de Propières à Azolette. Les travaux ont été achevés pendant la campagne dernière.

La commune de Lacenas a fait une rectification essentielle à son chemin vicinal n° 2.

D'autres rectifications, élargissements et réparations assez importants, ont été faits dans un grand nombre de com-munes du département. Les observations contenues dans l'état des ressources et dépenses communales indiquent au surplus les communes qui ont le mieux employé ces res-sources.

Personnel.

Conformément à la décision du Conseil général, prise en sa dernière session, le personnel de l'administration des agents-voyers, se compose :

> D'un agent-voyer en chef.
> D'un agent-voyer en chef adjoint.
> De trois agents-voyers de 1re classe.
> — trois agents-voyers de 2me classe.
> — trois agents-voyers de 3me classe.
> — cinq agents-voyers de 4me classe.
> — cinq agents-voyers de 5me classe.

Ces cinq derniers ont été nommés sur un concours pour entrer en fonctions le 1er janvier dernier.

Ce n'est qu'après avoir réglé la comptabilité, chacun dans sa circonscription, que les agents-voyers ont pu être installés, un par canton. Ils ne sont donc résidants, chacun au chef-lieu de leur canton, que depuis peu de temps. En ce qui concerne le canton de Limonest, on a dû profiter des exceptions réservées par la délibération du Conseil général, en fixant sa résidence à Lyon, et cela en raison de ce que les habitants de ce canton ont des relations journalières avec Lyon, où ils peuvent trouver l'agent-voyer sans se déranger, tandis qu'ils seraient obligés d'aller exprès à Limonest, et encore s'exposer souvent à ne pas le rencontrer, attendu que les agents-voyers sont obligés de passer la plus grande partie du temps en tournée.

Tout fait espérer que cette augmentation du personnel produira un bon effet, et que les prestations en nature pourront à l'avenir être beaucoup mieux dirigées. D'ailleurs je puis dire que chacun des agents-voyers a continué de remplir ses fonctions avec zèle. Un seul a failli à l'accomplissement de ses devoirs : il en a été puni d'une suspension. Quant aux nouveaux titulaires, plusieurs d'entre eux se sont déjà fait remarquer par leur aptitude et leur zèle. Mais je ne puis pas encore porter un jugement bien certain sur tous.

Au moment où il a paru convenable de relever la dignité des fonctionnaires publics et d'augmenter le traitement d'un grand nombre d'entre eux, il pourrait aussi paraître juste que ce service actif profitât un peu de ces avantages, surtout si on considère que les agents-voyers de 5e classe n'ont que 1,100 francs, sans aucuns autres frais de tournée.

Si ces observations étaient jugées dignes d'être prises en considération par M. le Préfet et par le Conseil général, je proposerais une augmentation de cent francs pour chaque agent-voyer, et alors les traitements seraient fixés :

Pour ceux de 1re classe, à 2,000 francs.
— ceux de 2e — 1,800 »
— ceux de 3e — 1,600 »
— ceux de 4e — 1,400 »
— ceux de 5e — 1,200 »

D'un autre côté, le service s'est augmenté d'une manière assez notable, soit par la réunion qui a été faite des chemins vicinaux et ruraux d'une partie de l'agglomération lyonnaise, soit par les quatre communes importantes qui ont été adjointes au département. Provisoirement j'ai confié le soin de surveiller ces nouvelles voies de communication à deux des piqueurs employés à mon bureau : à l'un, celles de l'agglomération lyonnaise dans le faubourg de la Guillotière, et à l'autre celles des quatre communes réunies. Ces deux employés visitent ordinairement leur circonscription, le matin avant l'heure du bureau et le soir après en être sorti. Ils pourraient ainsi conserver ce service, sans augmentation de frais. Seulement, il conviendrait de les comprendre dans le personnel des agents-voyers, afin qu'ils puissent constater les contraventions. Quant à ce qui concerne les faubourgs de Saint-Irénée, Saint-Just, Vaise et la Croix-Rousse, j'en ai fait la division entre les agents-voyers des cantons de Saint-Genis, Vaugneray, Limonest et Neuville.

Observations générales.

Malgré l'augmentation notable de l'étendue de la grande vicinalité, les anciennes lignes n'en ont pas souffert, et marchent à grands pas vers leur achèvement. Ainsi, sur huit lacunes, dont plusieurs assez importantes, qui existaient encore l'année dernière, trois ont disparu, une est en cours d'exécution, deux attendent que les projets soient approuvés pour être entreprises. Une seule paraît ajournée, mais c'est sans préjudice trop grand pour la circulation.

Quant aux nouvelles lignes ou parties classées l'année dernière, et au nombre de six, elles ont toutes reçu une forte impulsion, et ne présenteront à la fin de l'année que deux ou trois lacunes un peu importantes.

Il est vrai que toutes les parties ouvertes ne sont pas complétement à l'état d'entretien, mais elles suffisent momentanément aux besoins de la circulation. On pourra les amener au dernier degré d'achèvement sans difficultés, en suivant les moyens que j'ai développés dans mon rapport de l'année dernière.

Les détails ci-dessus établissent que les chemins vicinaux qui se placent immédiatement après ceux de grande communication ne sont point oubliés, et qu'un grand nombre de communes s'occupent activement de travaux importants.

Peu, du reste, sont demeurées en retard sous le rapport du bon emploi des ressources, et notamment des prestations en nature.

Le mouvement qui s'est produit dans la vicinalité depuis les années 1838 et 1839, que le classement a été révisé, nécessite un nouveau classement général dans toutes les communes. Ce classement, qui pourra maintenant être fait d'une manière régulière par l'intervention des agents-voyers, sera étudié dès que les améliorations principales seront plus avancées. Plusieurs communes s'en sont déjà occupées. Je ferai aussi préparer des plans destinés à être revêtus de la sanction légale, en ce qui concerne l'agglomération lyonnaise, où ces documents manquent, pour pouvoir fixer partout les alignements d'une manière régulière.

ÉTAT

DES DÉPENSES FAITES SUR LES LIGNES VICINALES DE GRANDE COMMUNICATION SUR L'EXERCICE 1851.

NUMÉROS	DÉSIGNATION des lignes vicinales.	4e SECT. — CHAPIT. XLIV.			Chapitre 43	TOTAL par ligne
		Sous-chap. 26, art. 1.		s.-chap. 27 art. uniq.		
		subvent. départem.		conting. commun. centralis.	sous-chapitre 24	
		travaux	in-demnités de terr.	in-demnités de terr.	§ 3.	
1	De Brignais à Champagne. . .	10,449 02	»	2,642 77	3,311 25	16,403 04
2	De Givors à St-Symphorien. .	13,888 21	2,201 25	8,068 53	»	24,157 99
3	De Thizy à Chauffailles. . .	2,409 95	»	»	»	2 409 95
4	De Ste-Foy à Tarare	5,280 24	1,720 64	3,492 73	»	10,493 61
5	De Beauregard à Aigueperse. .	13,698 39	»	2,103 93	»	15,892 32
6	De l'Arbresle au pont St-Bernard	5,811 94	»	5,381 28	»	11,193 22
7	De Charbonnières à Villeche-nève.	11,709 41	»	8,421 69	»	20,131 10
8	D'Anse à St-André-de-Corcy. .	6,225 »	»	»	56 61	6,281 61
9	Du pont de Thoissey au pont St-Bernard.	13,467 60	»	»	»	13,467 60
10	D'Amplepuis aux Echarmeaux.	4,624 77	»	307 95	»	4,932 72
11	De Craponne à St-Symphorien.	16,798 87	»	8,466 49	»	25,265 36
12	De Lyon à Givors	2,884 60	»	»	»	2,884 60
13	Des ponts Tarrets à Roanne. .	14,430 »	»	»	»	14,430 »
14	De Tarare à Violay.	2,201 89	»	»	»	2,201 89
15	De Vienne à Rive-de-Gier . .	33,814 40	850 »	11,222 04	»	45,866 44
16	De Chazay à Neuville. . . .	3,225 50	»	2,139 90	»	5,365 40
17	De Trembly au Port-Jean-Gras.	7,684 52	»	»	»	7,684 52
18	De Belleville à Tramayes. . .	4,546 64	»	»	»	4,546 64
19	De Chessy à Rivolet	3,691 95	751 68	»	»	4,443 63
20	De St-Cyr au Port-de-Rivière .	8,521 50	»	3,973 06	»	12,494 56
21	De Vaise à St-Cyr	8,450 »	»	»	»	8,450 »
22	De Monsols à Cluny.	2,017 96	»	»	»	2,017 96
23	De Lamure à St-Mamert . . .	5,091 80	»	»	»	5,091 80
24	De Lyon à Panissières. . . .	6,193 40	797 67	4,043 63	»	11,034 70
	Totaux. . .	207,117 56	6,301 24	60,354 »	3,367 86	277,140 66
	Frais de transcription d'actes d'in-demnités applicables à plusieurs lignes vicinales.	»	»	»	153 02	153 02
	Abonnement aux Annales des che mins vicinaux	»	»	21 35	»	21 35
	Totaux. . .	207,117 56	6,301 24	60,375 35	3,520 88	277,315 03

Récapitulation générale des dépenses.

CHAPITRE XLVI	SOUS-CHAPITRE XXVI	ART. 1er.	Travaux sur les chem. vicin. de grande com^{ion}. 207,117 56 Indemnités de terrains. . . . . 6,301 24 Subventions aux communes. . . . . . 26,670 »	240,088 80
		ART. 2. Traitement et gratification des agents-voyers	22,100 »
		ART. 3. Dépenses diverses, impressions, publications, matériel, etc . ..	1,399 21
	SOUS-CHAPIT. XXVII	ARTICLE UNIQUE. Indemnité de terrain sur les centimes centralisés . . .	60,375 35

CHAPITRE XLIII. — SOUS-CHAP. XXIV.　—　Indemnité de terrain. 3,520 88

Cotisations municipales.　—　Supplément pour traitement et gratificat. des agents-voyers.　9,500 »

Prestations en nature. . { Employées sur les chemins vicinaux de grande communicat. 114,664 67 } 303,590 55
Id.　sur les chemins vicinaux ordinaires. 188,925 88

Dépenses communales de toute nature employées aux travaux et aux indemnités de terrain. 129,311 78
(non compris les 26,670 francs imputés sur les subventions départementales).

TOTAL GÉNÉRAL. 769,886 57

État statistique des lignes vicinales de grande communication, au 15 juillet 1852.

Numéros	DÉSIGNATION	LONGUEUR A L'ÉTAT DE						TRAVAUX D'ART			circulat. moyenne des colliers par jour
		Sol naturel	simple terrasse-ment	Terrasse-ment complet	Premier empierre-ment	Complet entretien	TOTAL	aqueducs	Ponceaux au-dessous de 4 mét.	ponts au-dessus de 4 mét.	
1	De Brignais à Champagne un embranchement	»	»	»	3	15	18	16	5	2	212
2	De Givors à Chazelles un embranchement	»	5	8	8	25	41	61	12	1	63
3	De Thizy à Chauffailles	»	»	»	»	13	13	72	10	1	84
4	De Ste-Foy à Tarare	»	»	»	»	19	19	30	3	»	47
5	De Beauregard à Aigueperse deux embranchements	»	»	»	4	52	56	142	22	2	73
6	De l'Arbresle au pont St-Bernard	»	»	»	»	17	17	42	8	2	68
7	De Charbonnières à Villechenève	»	»	»	4	34	38	109	10	3	160
8	D'Anse à St-André-de Corcy	»	»	»	»	16	16	33	8	»	133
9	Du pont de Thoissey à Roanne	3	3	3	15	38	62	209	22	4	46
10	D'Amplepuis aux Echarmeaux	»	2	3	4	12	21	65	8	5	44
11	De Croponne à St-Symphorien	»	12	3	6	12	33	90	14	2	117
12	De Lyon à Givors	4	»	2	»	11	17	14	3	1	109
13	Des ponts Tarrets à Roanne	»	2	4	12	14	32	97	16	3	56
14	De Tarare à Violay	»	»	»	»	7	7	20	»	1	34
15	De Vienne à Rive-de-Gier deux embranchements	1	»	12	12	15	40	106	45	5	66
16	De Chazay à Neuville	»	1	»	»	8	9	11	9	1	109
17	De Trembly au Port-Jean-Gras	»	3	3	5	4	15	32	9	1	35
18	De Belleville à Tramayes	2	»	3	7	16	28	84	11	1	32
19	De Chessy à Rivolet un embranchement	6	1	3	»	12	22	34	3	1	45
20	De St-Cyr au Port-Rivière trois embranchements	»	»	»	»	46	46	83	7	1	73
21	De Vaise à St-Cyr	»	»	»	»	6	6	11	5	1	237
22	De Monsols à Cluny	»	2	1	1	6	10	27	1	»	54
23	De Lamure à St-Mamert	2	3	3	10	6	24	76	1	»	48
24	De Lyon à Panissières	»	»	8	5	15	28	85	8	1	59
25	D'Yzeron au pont d'Anzieux	4	2	11	»	»	20	8	2	»	»
26	De Beaujeu à Mâcon	4	10	2	»	»	16	5	2	»	»
27	De Pontcharra à Villechenève	3	4	4	»	»	11	10	3	1	»
28	De Rive-de-Gier à Chavanay	1	3	3	3	»	10	10	3	2	»
29	De Lyon à Crémieux	»	»	»	»	7	7	»	»	»	»
	Totaux	20	53	74	99	426	682	1573	250	42	»

Dressé par le Voyer en chef, soussigné.

Lyon, le 15 juillet 1852.

RAGOT.